Die Erbschaftsabgabe

und

die Reichsfinanzreform.

Acht Gutachten

von

Professor Dr. Biermer, Professor Dr. Lujo von Brentano, Professor Dr. Karl Diehl, Professor Dr. A. Harnack, Professor Dr. W. Lexis, Professor Dr. G. von Schanz, Professor Dr. Fritz Stier-Somlo, Professor Dr. Julius Wolf

mit einem Vorwort von Professor Dr. Hans Delbrück.

Berlin 1909.

J. Guttentag, Verlagsbuchhandlung,
G. m. b. H.

Von den nachstehenden Artikeln waren die ersten sieben in den März- und Aprilnummern 136, 140, 144, 149, 153, 157, 175 des Jahrganges 1909 des „Berliner Tageblatts", der letzte im Februarheft 1909 der „Deutschen Revue" veröffentlicht.

Mit gütiger Erlaubnis der Herren Verfasser und der Redaktionen sind jene Arbeiten hier nochmal zum Abdruck gebracht.

Die deutsche Wissenschaft, im besonderen die Wissenschaft der Nationalökonomie, ist so gut wie einstimmig für die Einführung einer Nachlaß- oder Erbschaftssteuer. Sie ist dafür aus politischen und taktischen Gründen, weil ohne diese Belastung des Besitzes auch die indirekten Steuern nicht durchzubringen sind und die beschämende Finanznot des Reiches nicht überwunden werden kann, sie ist aber auch dafür aus den Gründen steuerlicher Gerechtigkeit. Aufgefordert, der Sammlung dieser Artikel, die von immer neuen Gesichtspunkten aus doch immer zu demselben Ergebnis kommen, ein kleines Vorwort zu schreiben, kann ich nichts weiter tun, als noch den einen Gesichtspunkt hinzufügen, der mich von Anfang an besonders interessiert hat, das ist die, wie man es bezeichnen kann, indirekte steuerliche Gerechtigkeit, der durch die Einführung einer Nachlaßsteuer ein großer Dienst erwiesen werden würde.

Als im Jahre 1891 der Minister Miquel die jetzige Steuergesetzgebung mit Deklaration und der Vermögens- als Ergänzungssteuer schuf, da schlug er zugleich vor, eine geringe Erbschaftssteuer einzuführen, nicht um des Ertrages willen, den sie bringen sollte, sondern um für die Ehrlichkeit der Deklarationen eine Kontrolle zu gewinnen. Das Abgeordnetenhaus hielt eine solche Kontrolle für überflüssig und lehnte sie ab, die Zeit aber hat Miquel recht gegeben. Sein Nachfolger, der jetzige Finanzminister von Rheinbaben hat jüngst im Abgeordnetenhause betont, daß „in Stadt und Land viele Leute lange nicht das zahlen, was sie zahlen müßten." Ich selber habe versucht, die Größe dieses Mankos statistisch zu berechnen. Für die Einkommensteuer ist eine solche Kontrollrechnung bisher nicht gefunden worden, für die Vermögensteuer aber kam ich auf 63 000 Millionen Mark. Der Herr Finanzminister bezweifelte diese Zahlen und hat mir in höchst dankenswerter Weise Materialien unterbreiten lassen, um sie zu kontrollieren. In der Tat habe ich einige Abstriche machen müssen, aber nachdem ich mit Hilfe eines bewährten Statistikers die ganze Rechnung noch einmal einer genauen Revision unterzogen und die Zahlen der Öffentlichkeit vorgelegt habe (Aprilheft der Preuß Jahrbücher), ist doch das Ergebnis, daß nicht weniger als 50 Milliarden steuerpflichtiges Vermögen allein in Preußen sich der Besteuerung entziehen, während 91,6 versteuert werden. Mehr als 50 % des Versteuerten entgehen also dem Fiskus, und die ehrlichen Steuerzahler müssen diesen Entgang für die weniger Ehrlichen mitbezahlen. Es ist keine Frage, daß diesem großen finanziellen wie moralischen Übel aus der Erbschaftssteuer ein Heilmittel erwachsen würde. Schon jetzt, wo nur Seitenverwandte im Erbgang besteuert werden, kommen dabei Jahr für Jahr etwa 500 Fälle der Steuerhinterziehung an den Tag und bringen dem Fiskus eine viertel Million nachträgliche Steuer. Es ist also keine Frage, daß auf diesem indirekten Wege dem Staat eine große Einnahme zugeführt werden würde, die ihm jetzt gegen Gesetz, Gerechtigkeit und Billigkeit entgeht.

Ein weiterer Grund, der für die Nachlaßsteuer spricht, ist die mit ihr verbundene Staffelung. Stellen wir uns vor, daß statt der Nachlaßsteuer etwa die jetzige preußische Vermögenssteuer verdoppelt würde, so würden

1. die Vermögen von 6000—20 000 ℳ herangezogen werden, die bei der Nachlaßsteuer frei bleiben,
2. die Vermögen von 20 000 ℳ und den nächsten Stufen, die bei der Nachlaßsteuer, aufs Jahr berechnet, 3—4 ℳ und entsprechend zu zahlen haben, würden jährlich 10 ℳ und entsprechend zu zahlen haben,
3. dafür aber würden die großen Vermögen entsprechend entlastet werden, z. B. ein Besitzer von 1 Million Mark, der bei der Nachlaßsteuer im Erbfall 30 000 ℳ oder auf die Jahre verteilt im Durchschnitt etwa 1000 ℳ zu zahlen hätte, würde dann nur 500 ℳ jährlich zu bezahlen haben. Wer also wünscht, daß die großen Vermögen stärker belastet werden als die kleinen und die allerkleinsten ganz frei bleiben, der muß für die Nachlaßsteuer eintreten.

Hans Delbrück.

I.

Dr. W. Lexis,

Geheimer Ober-Regierungsrat und o. ö. Professor der Staatswissenschaften in Göttingen.

Ob Nachlaßsteuer oder Erbschaftssteuer, das heißt ob die Erbschaftsmasse im ganzen oder die den einzelnen Erben zukommenden Anfälle besteuert werden, ist mehr eine Formfrage, denn die Steuersätze lassen sich so regeln, daß der Gesamtertrag in beiden Fällen ungefähr gleich bleibt. Der wesentliche Punkt ist allein die Steuerpflichtigkeit oder Steuerfreiheit der Abkömmlinge und der Ehegatten, denn nur unter der Voraussetzung der ersteren ist von der Steuer, sei es in der einen oder in der anderen Form, ein wirklich schwer ins Gewicht fallender Ertrag zu erwarten. Denn man darf annehmen, daß von der ganzen jährlich frei werdenden Erbschaftssumme mehr als zwei Drittel auf Nachkommen und etwa 10 % auf Ehegatten übergehen.

Gegen die Belastung dieser Klasse von Erben ist der Widerstand der konservativen oder, wie wohl richtiger zu sagen ist, der agrarischen Partei im Grunde allein gerichtet. Die sentimentalen und altgermanischen Motive, auf die man sich dabei beruft, können angesichts der schweren, finanziellen Notlage des Reiches, bei der eben jede Gemütlichkeit aufhört, wirklich nicht ernst genommen werden. Die Heiligkeit des Familiengutes kann auch gegen jede Vermögenssteuer geltend gemacht werden. Denn wenn diese auch nicht der Substanz des Vermögens entnommen, sondern nur nach dem Maßstabe des Vermögens aus dem Einkommen bezahlt werden soll, so wachsen doch diese Zahlungen in zwanzig oder dreißig Jahren für einen wohlhabenden Steuerzahler zu einer stattlichen Summe an, um die sich sonst sein Vermögen vermehrt hätte. Nach dem Gesetzentwurf über die Nachlaßsteuer soll aber den steuerpflichtigen Erben landwirtschaftlich benutzter Grundstücke gestattet sein, die Steuer in Gestalt einer zwanzig Jahre hindurch zu zahlenden Amortisationsrente zu entrichten, und eine solche würde sich von einer Vermögenssteuer praktisch nur dadurch unterscheiden, daß die Zahlungspflicht auf zwanzig Jahre beschränkt wäre. Da der steuerpflichtige Wert der landwirtschaftlichen

Grundstücke nur auf das Zwanzigfache des Reinertrages angesetzt wird und die Schulden selbstverständlich abgezogen werden, so würde die Rente ohne Zweifel in der Regel ebenfalls wie eine Vermögenssteuer aus dem Einkommen bezahlt werden können.

Wenn 130 Millionen im Reich durch eine wirkliche „Besitzsteuer“ — und als solche kann nur eine vom fundierten Einkommen nach Verhältnis des Vermögens erhobene angesehen werden — etwa nach dem Typus der preußischen Ergänzungssteuer aufgebracht werden sollten, so würden die landwirtschaftlichen Nachlässe mit einem Wert bis zu 100 000 *M* stärker belastet werden als durch die die Nachlaßsteuer ersetzende, zeitweise ja auch intermittierende Rente. In dieser Hinsicht würde es natürlich keinen Unterschied machen, ob die Besitzsteuer unmittelbar von Reichs wegen oder im Sinne des famosen Kompromisses von den Bundesstaaten erhoben würde. Übrigens ist nicht zu vergessen, daß die preußische Ergänzungssteuer nur die Vermögen bis zu 6000 *M* freiläßt, während die Nachlässe bis zu 20 000 *M* verschont bleiben sollen. Diese Bestimmung würde zur Folge haben, daß die große Mehrheit der Landwirte von der Nachlaßsteuer nichts zu befürchten hätte, da bei der niedrigen Veranschlagung des Grundbesitzes ein schuldenfreier Nachlaß von 20 000 *M* nur in einer Minderzahl von Fällen vorkommen würde.

Auch die Klage, daß die Ehefrau, die zu dem Erwerb des Vermögens mit beigetragen habe, durch die Nachlaßsteuer unbilligerweise mit getroffen würde, könnte ebenso, und mit gleich geringer Berechtigung, gegen die Vermögenssteuer und auch gegen die Einkommensteuer erhoben werden. Übrigens sei daran erinnert, daß in Preußen nach dem Stempelgesetz vom 7. März 1822 Erbanfälle an den überlebenden Ehemann mit 1 % besteuert wurden, und ebenso solche an die überlebende Ehefrau, wenn sie nicht gleichzeitig mit Kindern ihres Mannes erbte. Erst durch das Gesetz vom 31. Mai 1873 wurden die überlebenden Ehegatten von der Erbschaftssteuer gänzlich frei erklärt.

Ein Argument gegen die Nachlaßsteuer, das öffentlich weniger hervortritt, aber in manchen Kreisen Eindruck macht, stützt sich auf die Furcht vor der Sozialdemokratie. Man wisse nicht, heißt es, was alles in einem aus dem allgemeinen Stimmrecht hervorgegangenen Reichstag möglich sei. Da könne sich einmal eine Mehrheit zusammenfinden, die die Nachlaßsteuer als Handhabe zu einer allgemeinen Vermögenskonfiskation benutzen würde. Dieses Schreckbild kann natürlich vor einer ruhigen Überlegung nicht standhalten. Wenn aber wirklich einmal aller vernunftmäßigen Voraussicht zum Trotz die Sozialdemokratie die Majorität im Reichstage erhalten sollte, so wäre es hinsichtlich der alsdann zu erwartenden „Reform“ des Erbrechtes völlig gleichgültig, ob eine Nachlaßsteuer bereits bestände oder nicht.

Wenn die Gegner der Nachlaßsteuer es erleben müßten — ein Ziel, aufs innigste zu wünschen —, daß diese schließlich die Oberhand über das Blockkompromiß behielte, so mögen sie sich trösten in dem Gedanken an die zahlreichen Staaten — unter ihnen auch germanische —, die mit der Besteuerung der Erben der direkten Linie sehr befriedigende Erfahrungen machen. Eine solche besteht in Deutschland in den Hansestädten und — mit Abänderung der ursprünglichen französischen Gesetzgebung — in Elsaß-Lothringen; ferner in Österreich, Holland, Dänemark und einen besonders hohen Ertrag — rund 400 Millionen Mark jährlich — bringt sie in England, wo die Erbbesteuerung 1894 vereinfacht worden ist und sich jetzt aus einer Nachlaßsteuer (estate duty) und einer Erbanfallsteuer (legacy and succession duties) zusammensetzt. Die erstere beginnt mit 1 % bei einem Nachlaß von 100 bis 500 Pfund Sterling, steigt bei Überschreitung von 1000 Pfund schon auf 3 % und erhöht sich für Nachlässe von mehr als 1 Million Pfund auf 8 %. Sie trifft ihrer Natur nach auch die Erben der direkten Linie; wenn diese aber die Estate duty bezahlt haben, so bleiben sie von der Erbanfallsteuer frei.

Auch in Frankreich liefert die Erbschaftsbesteuerung — die mit dem Enregistrement verbunden ist — einen sehr bedeutenden Ertrag, und dabei war sie bis 1901 für den Grundbesitz besonders drückend, weil die Schulden von dem Nachlaß nicht abgezogen wurden. Nach dem Gesetz von 1901, das diese Härte beseitigt hat, beginnt die Steuer für die direkte Linie bei einem Anfall von mehr als 1000 Francs mit dem Satz von 1 % und steigt bis auf $2\frac{1}{2}$ % bei einer Erbschaft von mehr als 250 000 Francs. Für Ehegatten ist der Anfangssatz bereits 3,75 %, und die Steigerung geht bis zu 7 % bei Erbteilen von mehr als 1 Million Francs. Belastungen der direkten Linie mit 1 % und mehr finden sich ferner in Rußland, Italien, Belgien, einigen Schweizer Kantonen und mehreren Staaten der amerikanischen Union. Der Präsident Taft hat bekanntlich in seiner ersten amtlichen Kundgebung auch eine Bundeserbschaftssteuer in Aussicht gestellt und diese wird ganz gewiß die Deszendenten nicht freilassen, wenn auch nicht gerade Carnegies extreme Ansichten zur Herrschaft gelangen werden. Die Belastung, die die Reichsnachlaßsteuer nach dem Entwurf der direkten Linie auflegen würde — $\frac{1}{2}$ % von 20 000 ℳ ab bis zu 3 % bei einem Nachlaß von mehr als 1 Million Mark —, bleibt hinter den in allen anderen zum Vergleich stehenden Staaten geltenden Sätzen erheblich zurück, und um so weniger ist von ihr ein übermäßiger Druck zu befürchten.

Zu wünschen wäre allerdings, daß bei der Nachlaßsteuer wie auch bei der bestehenden Reichserbschaftssteuer alles nicht unbedingt nötige Inquirieren in betreff des nicht dem Erwerb dienenden Gebrauchsvermögens vermieden würde. Nach dem Entwurf sollen die zum Haushalt des Erblassers gehörenden Gegenstände bei der Feststellung des Nachlasses außer Betracht bleiben. Unter diesen Gegenständen sind wohl dieselben Vermögensteile zu verstehen, die das Erbschaftssteuergesetz näher bezeichnet, als Kleidungsstücke, Betten, Wäsche, Haus- und Küchengerät, und die für gewisse, sonst steuerpflichtige Erben bis zu einem Erwerb im Werte von 5000 M frei bleiben. Aber Schmucksachen, Uhren, Bücher, Gemälde usw. gehören nicht zu diesen Gattungen, und sie würden Anlaß zu sehr lästigen Nachfragen und Wertermittelungen geben, auch wenn sich schließlich eine Steuerpflicht überhaupt nicht ergäbe. Es wäre daher zweckmäßig, wenn eine ziemlich hohe obere Wertgrenze festgesetzt würde, bis zu der die beweglichen Gebrauchs- und Genußgüter von der Nachlaßsteuer freibleiben, so daß in betreff dieser Bestandteile des Nachlasses nur eine summarische Erklärung abzugeben wäre, ob ihr Wert diese Grenze überschreite oder nicht. Das sind indes spätere Sorgen; fürs erste kommt es darauf an, daß durch den Sieg der Nachlaßsteuer dem gegenwärtig vom Reichstag dargebotenen unerfreulichen Schauspiel ein Ende gemacht werde.

II.

Dr. Lujo von Brentano,

Geheimer Hofrat und o. ö. Professor an der Universität München.

Den Freihändler muß die gegenwärtige Verlegenheit der deutschen Finanzminister mit Genugtuung erfüllen. Er sieht darin nur das Ergebnis der von ihm bekämpften Wirtschaftspolitik, das kommen mußte. Er erinnert sich, daß es einst Sir Robert Peel ebenso gegangen ist, wie es jetzt den verbündeten Regierungen geht, und daß die Unmöglichkeit, auf Grundlage der Schutzzollpolitik das Defizit zu beseitigen, den Anfang bildete für die Bekehrung der britischen Regierung zum Freihandel.

„Ich kann mir keine klägliche Lage vorstellen", sagte Peel, „als die eines Schatzkanzlers, der auf einem leeren Geldkasten sitzt, an der Seite eines bodenlosen Defizits, und nach Steuern zur Bilanzierung von Ausgaben und Einnahmen fahndet." Auf dem Wege der Erhöhung der Zölle und Verbrauchssteuern war das Gleichgewicht nicht herzustellen. Was damit gefaßt werden konnte, war gefaßt. Jede Erhöhung dieser Steuern konnte nur zu Minderung des Verbrauchs und damit des Zoll- und Steuerertrႈgnisses führen. Als einzige Möglichkeit erschien die Einführung einer direkten Steuer, der Einkommensteuer, die darauf folgende Herabsetzung von Zöllen und Verbrauchssteuern, um die Verbrauchsfähigkeit für relativ wenige Waren, deren Verbrauch man um so höher belastete, zu steigern und so die Beträge, welche die Zölle bisher lediglich in die Taschen privater Produzenten geführt hatten, in die Staatskasse zu leiten. Der Plan gelang glänzend. Darauf folgte die Periode des sprungweisen Steigens des britischen Nationalreichtums und der überschußstrotzenden britischen Budgets.

Wie leicht könnte Herr Sydow das Gleichgewicht zwischen Einnahmen und Ausgaben herstellen, wenn die Subskription des Reichskanzlers auf einen agrarischen Leichenstein es ihm erlaubte. Er braucht nur 500 Millionen Mark Steuern im Jahr, damit ihm geholfen sei. Da brachten dem Reiche die Zölle auf Getreide, Hülsenfrüchte und Malz im Jahre 1907 266 072 000 ℳ. Aber das eingeführte Getreide beträgt nur etwa ein Sechstel dessen, was die 62 097 000 Deutschen im Jahre 1907 an Getreide verbrauchten, und es ist unbestritten, daß seit Aufhebung des Identitätsnachweises der Inlandspreis allen Getreides um den ganzen Betrag des Zolls über dem Weltmarktpreis steht. Rechnen wir nun, daß ein Drittel der 62 Millionen Deutschen eigenes Getreide verbraucht habe, eine Annahme, die sehr viel zu hoch ist, so müßten die übrigen 40 Millionen rund eine Milliarde Mark mehr für Getreide ausgeben, wovon rund 800 Millionen Mark in die Tasche von Privaten fließen. Wie würde Herr Sydow im Golde schwimmen, wenn ihm gestattet würde, das, was die Konsumenten infolge der Getreidezölle an Private bezahlen müssen, in die Kasse des Reiches zu leiten!

Die Finanznot des Reiches und der deutschen Staaten zeigt, daß, wenn die Zolldiskussion im Augenblick auch zu schlummern scheint, doch der Tag unaufhaltsam herannaht, wo die Überleitung des Nutzens, den die Privaten aus unserem Finanzsystem ziehen, in die Kasse des Reiches wieder zur Diskussion stehen wird. Die Nachlaßsteuer ist, abgesehen von den nicht ausgiebigen Erhöhungen einzelner indirekten Steuern, die neben ihr in Vorschlag sind, der letzte Versuch, der den Finanzministern bleibt, um die öffentlichen Finanzen auf Grundlage der bestehenden Schutzzollpolitik zu retten. Das „Berliner Tageblatt" hat ja kürzlich eine Reihe höchst interessanter Aussprüche großer Berliner Firmen veröffentlicht, aus denen hervorgeht, daß der Verbrauch der Produkte, die sie herstellen oder vertreiben, infolge der Teuerung der Lebensmittel zurückgegangen ist. Das zeigt, daß die Elastizität der Einnahmen des deutschen Volkes erschöpft ist und jede weitere Verbrauchsbesteuerung von Rückgängen statt von Steigerungen der öffentlichen Einnahmen begleitet sein würde. Eine Einkommensteuer, wie Peel sie 1842 eingeführt hat, haben wir längst. Durch Einführung einer solchen kann also nicht geholfen werden, und mit Recht protestierten nicht bloß die Finanzminister gegen eine direkte oder indirekte Reichseinkommen- oder Reichsvermögenssteuer, denn auch vom volkswirtschaftlichen Standpunkt ist dagegen zu protestieren. Eine allzu starke Anspannung der Einkommen- und Vermögenssteuern entzieht nämlich den Lebenden, die das Vermögen fruktifizieren, einen Teil des zur Produktion nötigen Kapitals und untergräbt somit die Quelle, aus der das weitere steuerbare Einkommen fließt. Von der Nachlaßsteuer dagegen hat Gladstone, als er sie einführte, bekanntlich gesagt, sie sei die idealste Steuer, denn sie treffe niemanden, den Toten nicht, denn er habe das Vermögen nicht mehr, und den Lebenden nicht, denn er habe es noch nicht, und wenn dies auch zum Teil ein geistreiches Spiel mit juristischer Konstruktion war, so steckt darin doch als wahrer Kern, daß es sich bei unzähligen Nachlässen um enorme Vermögensbeträge handelt, von denen ein großer Teil längst aufgehört hat, von den Inhabern selbst produktiv nutzbar gemacht zu werden. Sie zu besteuern ist volkswirtschaftlich unschädlich; sie sind wie zur Besteuerung geschaffen.

Wäre ich Agrarier, ich würde für die Nachlaßsteuer sein. Denn wenn angesichts unserer rapide steigenden öffentlichen Ausgaben auch ihr Erträgnis bald sich als auf die Dauer gleichfalls ungenügend herausstellen dürfte und dann unausbleiblich der Tag kommen wird, an dem das heutige Schutzzollsystem als unhaltbar aufgegeben wird, so wird doch das Eintreten dieses Tages durch die Nachlaßsteuer hinausgeschoben. Mir erscheint die Nachlaßsteuer als die letzte Möglichkeit, die bleibt, unser Schutzzollsystem mit dem Einnahmebedürfnis des Reiches und der Staaten in Einklang zu bringen. Da ich weder Agrarier noch überhaupt Schutzzöllner bin, kann ich mich nur freuen, wenn die Agrarier die Nachlaßsteuer verwerfen.

III.

Dr. jur. u. phil. M. Biermer,

o. ö. Professor an der Universität Gießen.

Über die Nachlaßsteuerfrage läßt sich beim besten Willen nichts Neues mehr sagen. Trotzdem hat das bisher Gesagte nicht genügt, die parlamentarischen Gegner dieses wichtigen Teils der Reichsfinanzreform zu belehren, daß die große Mehrheit des deutschen Volkes nicht mehr hinter ihnen steht. In den weitesten Kreisen des hohen Beamtentums und sogar des Militärs, die den rechtsstehenden Parteien sonst in manchen politischen Fragen gesinnungsverwandt sind, versteht man einfach die Haltung der Konservativen nicht. Ja, man kritisiert sie auf das schärfste. Der Liberalismus hat wohl selten in diesen Gesellschaftsschichten so viel warme Sympathien gefunden, wie gerade gegenwärtig. Überall wird auf das lebhafteste bedauert, daß unsere Konservativen sich von Pseudogelehrten, akademischen Strebern und agrarischen Schaumschlägern am Gängelbande herumführen lassen und den Agrardemokraten in Verleugnung ihrer ganzen bisherigen historischen Tradition eine schwächliche Konzession nach der andern machen. Schon vom reinen Parteistandpunkte aus betrachtet erscheint also die gegenwärtige Fraktionspolitik eine Kurzsichtigkeit sondergleichen. Ich habe in diesen Wochen von Männern über das „Junkertum" Urteile gehört, die, weiß Gott, nicht schmeichelhaft klangen, und früher dort ganz unmöglich gewesen wären. Es gibt ja allerdings gewisse Kreise, die sich, wenn es ihnen paßt, einfach damit trösten, sie pfiffen auf die nationalökonomische Wissenschaft im ganzen, wie im speziellen. Das sieht ja freilich sehr selbstbewußt aus, ist aber nicht einmal wahr. Wenigstens verträgt sich mit dieser zur Schau getragenen Verachtung der unbefangenen gelehrten Forschung sehr wenig die Tatsache, daß man seit Jahrzehnten bemüht ist, Publizisten mit akademischen Würden, die ihre Feder für ein einseitiges Interessenprogramm hergeben, förmlich mit der Laterne zu suchen.

Die nationalökonomische Wissenschaft, soweit sie ernst zu nehmen ist, steht als Gegnerin der bisher vereinbarten parlamentarischen Kompromisse geschlossen da, und zwar nicht nur aus finanzwissenschaftlichen und finanztechnischen Gründen, sondern wohl noch vielmehr aus politischen und nationalen. Daß die Nachlaßbesteuerung die beste Vermögensverkehrssteuer, die gerechteste Sonderbelastung des ererbten Einkommens oder des unverdienten Vermögenszuwachses ist, daß sie am einfachsten zu veranlagen ist, daß ihre Progression nach Verwandtschaftsgraden und Größe der Erbschaft ein ganz selbstverständliches Postulat der Steuergerechtigkeit darstellt, ist längst Gemeingut der gesamten finanzwissenschaftlichen Literatur geworden. Nicht minder wichtig ist die Erfahrungstatsache, daß die Nachlaßsteuer dem Staate die beste, vielleicht allein zuverlässige Kontrolle der Veranlagung zur Einkommen- und Vermögensbesitzsteuer an die Hand gibt. Alle Einwände, die man jetzt als volltönende Schlagworte gegen die Besteuerung des ererbten Vermögenszuwachses erhebt, würden nur insofern einen Kern von Richtigem enthalten, wenn man auch die kleineren Erbschaften miterfassen, erhebliche Steuerprozentsätze erheben und einen rigorosen Erhebungsmodus wählen wollte. Alle diese Gefahren hat die Regierungsvorlage glücklich vermieden. Die behauptete „Erschütterung des Familiensinns", die die Nachlaßsteuer zur Folge haben soll, ist nichts anderes als eine ganz törichte Phrase. Hat denn in den Hansastädten und in Elsaß-Lothringen, wo man Abkömmlinge und Ehegatten einer Erbschaftssteuer unterwirft, haben in Österreich, Frankreich und England mit ihrer ausgebildeten Erbschaftssteuergesetzgebung die Familienbeziehungen und der Antrieb zum Sparen gelitten? Mir scheint, daß man durch Familienfideikommisse und durch das Anerbenrecht, bei denen man den einen Abkömmling vor dem andern bevorzugt — lediglich auf Grund des Erstgeburtsrechts —, den Familienfrieden und das Gefühl der Gleichberechtigung der Geschwister viel mehr gefährdet und verwirrt als durch eine bescheidene Abgabe von Todes wegen an den Staat.

Es kann niemanden überraschen, wenn politische Demagogen, denen ihr Witz ausgegangen ist, auf das Niveau der Bierbankpolitiker herabsinken und von der „schiefen Ebene der kommunistisch-sozialistischen Gesellschaftsauffassung" sprechen. Aber Verwunderung muß es erregen, wenn man solche Argumente gelegentlich auch von Fachmännern von Ruf hört. Wer so etwas tut, bringt sich in ganz leichtfertiger Weise um eines billigen Augenblickserfolges willen um seinen wissenschaftlichen Kredit. Es lohnt sich nicht, solche Leute zu widerlegen.

Viel wichtiger aber als die finanztechnische Seite des Problems ist die politische. Sie zerfällt in zwei Teile: die weiteren Aussichten des Blocks und der Blockpolitik und das Verhältnis der Reichsfinanzreform zum Reichsgedanken. In dem Bülowschen Block sind Parteien mit sehr verschiedenen Steuerprogrammen zu gemeinsamer Legislative berufen worden. Das Zentrum hat in dieser Hinsicht überhaupt kein Programm. Dort ist alles Taktik, nicht Prinzip. Die andere unerbittliche Widersacherin des Blocks, die Sozialdemokratie, hat zwar ein fest umrissenes Steuerprogramm, es ist aber so radikal und prinzipienstarr, daß niemand mit ihm etwas anfangen kann. Auch die Forderungen unserer Liberalen krankten anfänglich an einer zu großen Abneigung gegen jede Verbrauchsbesteuerung, eine doktrinäre Ansicht, die der ausländische Liberalismus selbst in Republiken gar nicht kennt. Aber unsere liberalen Fraktionen haben gerade in der jüngsten Zeit das politische Augenmaß wiedergefunden und sehen ein, daß man wohl oder übel indirekte Steuern mit solchen direkten, die die große Mehrheit der deutschen Bundesstaaten noch nicht eingeführt haben, kombinieren muß. Auf dieser mittleren Linie allein läßt sich die Reichsfinanzreform, dieses eminente nationale Werk, vollenden. Da die Rechte eigentlich nur Verbrauchssteuern, die Linke in erster Linie direkte Steuern haben will, so müßte der Block, wenn beide auf ihren Schein bestehen, alsbald auseinanderfallen. Von meinen Parteifreunden, den Nationalliberalen, spreche ich hier lieber nicht. Von ihnen gilt das Wort: „Herr, vergib ihnen, denn sie wissen nicht, was sie tun". Als Störenfriede sind sie freilich ungefährlich, denn sie machen schließlich doch mit, was der Kanzler und seine Mehrheit will.

Die Reichsregierung hat den Schwierigkeiten unserer Parteikonstellation volle Rechnung getragen und einen Kompromiß, der für alle Teile des Blocks annehmbar wäre, vorgezeichnet, während es den Gegnern des Blocks ja nur darauf ankommt, daß das verhaßte Regierungskartell möglichst bald in die Brüche geht. Ich bin fest überzeugt, daß es gegenwärtig noch nicht zu spät für ein Einlenken ist, sondern daß man schließlich einsehen lernt, daß die Nachlaßsteuer, die pièce de résistance des ganzen großen Reformwerks bildet. Die Frage ist wirklich von enormer nationaler Bedeutung. Denn wenn man die neuen direkten Steuern auf die Einzelstaaten abwälzen wollte, so heißt das gar nichts anderes, als aus einer Finanznot des Reiches eine unerträgliche Finanznot der Bundesstaaten machen. Damit werden, ganz abgesehen von verfassungsrechtlichen Bedenken, die Reichsverdrossenheit, die so wie so in bedenklichem Umfange zugenommen hat, und der Partikularismus geradezu großgezogen. Für Hessen hat z. B. kürzlich der Finanzminister ausgerechnet, daß allein für Reichszwecke durch die neue Reichsabgabe nach dem neuen Kompromißantrage Gamp die Einkommensteuer und Vermögenssteuer um volle 22 % erhöht werden müßten. So etwas muten „reichstreue" Parteien einem Lande zu, das in der nächsten Zeit durch unabweisbare Mehrbedürfnisse seiner eigenen Staatskasse die Staatssteuern so wie so um 25 bis 30 % weiter anspannen muß. Genau wie es in Hessen ist, so ist es auch in den anderen Bundesstaaten. Überall findet man dasselbe unerfreuliche Bild. Hoffentlich bleiben wenigstens unsere verbündeten Regierungen, die seit 37 Jahren die treuesten Wächter des Reichsgedankens gewesen sind, fest und lassen sich von ihrem ursprünglichen Reformplane durch Zufallsmehrheiten nicht abbringen. Jetzt hat der Reichskanzler das Wort. Wenn auch er fest bleibt und an den Patriotismus des Blocks appelliert, wird das nicht vergeblich sein. Alle wohlgesinnten Kreise der Nation stehen hinter ihm, und ich hoffe, daß wenigstens ein Teil der Konservativen, bevor es zu spät ist, einlenkt und auch diesmal das von Preußen geführte Reich nicht im Stich läßt. Das Nachlaßsteuerproblem hat sich zu einer nationalen Frage ersten Ranges ausgewachsen. Wer das nicht einsieht, verkennt den Ernst der gegenwärtigen Situation.

IV.

Dr. Julius Wolf,

Geh. Regierungsrat und o. ö. Professor der Staatswissenschaften in Breslau.

Sie ersuchen mich um eine Äußerung zum Thema der Nachlaßsteuer.

Ihrem Wunsche nachkommend, stelle ich fest, daß, wenn man sich auf den Standpunkt stellt, daß das Reich direkte Steuern neben den indirekten nötig hat, d. h. Einzelstaaten und Gemeinden mit ihren direkten Steuern die erforderliche Progression der Steuer nicht besorgen,*) die Erbschaftssteuer als direkte Reichssteuer zweifellos jeder anderen vom Reiche oder im Namen des Reichs möglicherweise zu erhebenden direkten Steuer weit vorzuziehen ist.

Ich sage mit Absicht „Erbschafts"- und nicht „Nachlaß"-Steuer, weil es eines Umbaus der letzteren zur ersteren bedarf, um berechtigten Bedenken zu begegnen.

1. Nicht nach der Masse des gesamten Nachlasses berechnet sich die Steuerfähigkeit des einzelnen Erben, sondern nach der Masse dessen, was ihm zufällt. Der Standpunkt des gegenwärtigen Nachlaßsteuergesetzentwurfs, der dem einzelnen aus einer größeren Zahl Erben einen höheren Steuersatz auferlegt, ist unhaltbar.

2. Damit die Steuer nicht eine „Witwen- und Waisensteuer" im Sinne einer Besteuerung zum Erwerbe minder befähigter, unbemittelter Personen werde und damit nicht der Einwand gegen sie erhoben werden kann, sie greife als Steuer in einem Augenblicke zu, wo sich die Lage des Betreffenden durch den Tod des Erblassers verschlechtert hat, wird sie womöglich nur von höheren Beträgen zu erheben sein, nicht bereits bei einem Nachlasse, beziehungsweise einer Erbschaft von 20 000 ℳ (Zinsertrag 700 ℳ) an, sondern erst bei Erbschaften von etwa 50 000 ℳ an oder selbst bei noch höherer Grenze. Der Ausfall an Steuer bei solcher Erhöhung des steuerfreien Minimums ist nicht so erheblich, wie

---

*) Vgl. hierüber mein Buch „Die Reichsfinanzreform und ihr Zusammenhang mit Deutschlands Volks- und Weltwirtschaft" (Leipzig, C. L. Hirschfeld. 1909).

man auf den ersten Augenblick denken mag, das zeigt uns die Statistik der Erbschaftssteuer in anderen Staaten — Österreich, Frankreich, England usw.

3. Ein vexatorisches und die Pietät und Trauer der Hinterbliebenen verletzendes Verfahren der Steuerbehörde wird zu vermeiden und lieber eine gewisse Ungenauigkeit der Ermittelungen in den Kauf zu nehmen sein. Im wesentlichen die Ergebnisse der Vermögenssteuer werden als Unterlagen für die Bemessung der Erbschaftssteuer zu dienen haben, im übrigen sollte die eidesstattliche Versicherung der Erben den Verzicht auf inquisitorisches Eindringen in ihre Verhältnisse nach sich ziehen.

4. Eine Erhöhung der Steuer mindestens als Reichssteuer in einem künftigen Zeitpunkt über die jetzt im Gesetze fixierten Sätze hinaus wird zu erschweren und sonach an besondere Bedingungen zu knüpfen sein.

Eine so umgebaute „Erbschaftssteuer" bricht den Bedenken die Spitze ab, die gegen die Heranziehung der Erbschaften diese ganze Zeit über erhoben wurden. Gegen diese Erbschaftssteuer kann insbesondere der Einwand a) nicht aufrecht erhalten werden, daß der Staat auch bei infolge des Todes des Erblassers verschlechterter Wirtschaftslage der Hinterbliebenen hart zugreift, b) auch nicht der Einwand, daß er mit völliger Nichtachtung der Familiengefühle in dem Augenblicke, wo sie durch den Verlust eines Familienmitgliedes besonders angeregt sind, vorgeht, endlich c) nicht der Einwand, die Erbschaftssteuer sei, wenn nicht vermöge der jetzt in Aussicht genommenen Sätze, so doch vermöge jener, welche in Hinkunft möglich sind, der erste Schritt auf dem Wege zum kommunistischen Staate.

Letzterer Einwand ist übrigens so naiv wie möglich und kann nur von Nichtkennern des „kommunistischen Staates", wie von Nichtkennern der Geschichte der progressiven Steuern erhoben werden. Denn dieser Einwand gilt gegen jede Steuerprogression und ist in der Tat auch schon mit größtem Nachdruck erhoben worden, als ein erstes Mal die Einführung der Progression in der preußischen Einkommensteuer versucht wurde. Er wurde damals von ersten politischen Kapazitäten mit größter Kraft geltend gemacht. Heute hat sich jedermann mit dem roten „kommunistischen" Faden in der Einkommensteuer ausgesöhnt, und der preußische Landtag war es, der zuletzt noch ohne irgendwelche Bedenken die Progression in der Einkommensteuer wesentlich verschärfte, ohne zu fürchten, sich damit dem Kommunismus irgend auszuliefern! —

Werden derart der Erbschaftssteuer die „Giftzähne" ausgebrochen, dann kann an dem Widerstande gegen sie von seiten der Parteien, die ihr bisher nicht hold waren, bona fide nicht mehr festgehalten werden. Sie würden durch derartige Halsstarrigkeit sich ins eigene Fleisch schneiden, ihre Vergangenheit und ihre Zukunft kompromittieren.

Programm und Vergangenheit der Konservativen weisen sie darauf hin, die Bundesstaaten nach Möglichkeit zu schonen und zu stärken und ihnen nicht den Boden unter den Füßen wegzuziehen, auf dem sie finanziell jetzt stehen. Es geht nicht an, die Finanznot des Reiches auf die Einzelstaaten abzuwälzen, beim Reich sie zu beheben, indem man die Kalamität in die Einzelstaaten hineinträgt. Die Zukunft der Partei weist sie aber darauf hin, dem Steuerträger nicht „Steine" statt Brot zu geben. Daß jede Einkommen- oder Besitzsteuer härter wäre als die hier geplante Erbschaftssteuer, ist zweifellos, und es ist schlechterdings unmöglich, den Steuerträger auf die Dauer darüber zu täuschen, daß eine Steuer, die mit 50 000 oder 60 000 ℳ beginnt und dreimal im im Jahrhundert erhoben wird, zudem in einem Augenblick des Vermögenszuwachses, überaus viel milder ist als eine Steuer, die als Vermögenssteuer mit 6000 oder 20 000 ℳ einsetzt, die jedes Jahr erhoben wird und den Augenblick eines Vermögenszuwachses nicht abwartet.

Die Parteien, die gegenwärtig „von einem bösen Geist im Kreis herumgeführt" eine Politik agieren, die die eines vernünftigen Rechners unmöglich sein kann, würden, wollten sie an ihr festhalten, zweifellos ein böses Erwachen nach einem wüsten Traume haben! Denn der Wähler mag einen Augenblick über sein eigenes Interesse zu täuschen sein, auf die Dauer sicher nicht. Der Augenblick bleibt nicht aus, wo es ihm „wie Schuppen von den Augen fällt" und er seine Mandatare zur Rechenschaft zieht.

Es bedarf heute des Appells an die konservativen Parteien, um die Erbschaftssteuer zu retten. Dieser Appell erfolgt hier im Hinblick auf das Interesse dieser Parteien selbst und ihrer Mandanten. Verstehen sie dieses ihr Interesse, dann treten sie von ihrem Widerstande gegen eine Steuer, die so gerecht ist wie irgendeine, zurück und beharren nicht auf einer Stellungnahme, die mit jedem Tage mehr sich als Trotz und öde Verbohrtheit, als ein „Nicht-sehen-wollen" dessen, was ist, kennzeichnet!

V.

Dr. Karl Diehl,

o. ö. Professor an der Universität Freiburg i. B.

Bei der jetzt im Vordergrund des Interesses stehenden Frage der Reichsfinanzreform handelt es sich nicht so sehr darum, den richtigen Weg zu finden, um die Deckungsmittel für die nächste Finanzperiode zu erhalten, als darum, daß der erste Schritt getan werden soll, um das deutsche Reichsfinanzwesen dauernd auf eine gesunde Basis zu stellen. Die Frage, auf welche Weise im Deutschen Reich 500 Millionen jährlich zugeführt werden sollen, ist geringfügig gegenüber der wichtigeren Aufgabe, bei der Wahl der hierzu nötigen Mittel einen Weg zu finden, der zu einer wirklichen und gründlichen Reichsfinanzreform in Zukunft führen kann.

Es wird für die politische und wirtschaftliche Macht Deutschlands von entscheidender Bedeutung sein, aus der jetzigen finanziellen Mißwirtschaft herauszukommen. Da aller Voraussicht nach die Ausgaben des Deutschen Reiches in den nächsten Jahrzehnten noch sehr stark zunehmen werden, muß die heute schon durchaus unwirtschaftliche Anhäufung der Schuldenlast ins Ungemessene steigen, wenn das Deutsche Reich nicht ergiebigere eigene Einnahmequellen erhält. Es muß dahin gestrebt werden, das System der Matrikularbeiträge und den seit der unglückseligen Klausel Franckenstein noch bestehenden Rest der Überweisungen ganz zu beseitigen. Für die eigenen Einnahmen, auf die das Deutsche Reich angewiesen sein soll, kommen nach der historischen und staatsrechtlichen Entwickelung Deutschlands nur Verbrauchsabgaben und Besitzabgaben in Betracht.

Da die übrigen Besitzabgaben durch die einzelstaatliche Besteuerung schon stark in Anspruch genommen werden und zur Deckung der wachsenden einzelstaatlichen Ausgaben reserviert bleiben müssen, ist keine Besitzabgabe so vorzüglich geeignet, die Lücke auszufüllen, als die von den verbündeten Regierungen vorgeschlagene Nachlaßsteuer. Es gibt vielleicht keine zweite Steuer, die so sehr dem Postulat sozialer Gerechtigkeit und wirtschaftlicher Zweckmäßigkeit entspricht wie diese. Die heftige

Opposition, die sich gegen diese Steuer aus den Kreisen der Konservativen erhoben hat, ist im höchsten Maße bedauerlich.

Zunächst ein paar Worte über die von den Opponenten vorgeschlagenen anderen Steuern.

Es wird besonders hingewiesen auf die Verbrauchssteuern und neuerdings auf eine Kohlenproduktionssteuer. Ich halte die Erhebung von Verbrauchssteuern prinzipiell für durchaus berechtigt; aber unerträglich ist die jetzt seit einiger Zeit geübte Methode, alle paar Jahre eine Anzahl von Verbrauchssteuern abzuändern beziehungsweise zu erhöhen. Das führt vollends bei der Schwierigkeit der Überwälzung einiger dieser Steuern zu einer fortdauernden Beunruhigung und materiellen Schädigung weitester Kreise des Erwerbslebens. Soweit die indirekte Besteuerung zur dauernden Verbesserung der Reichsfinanzen herangezogen werden soll, scheint mir der Weg des Monopols der einzig richtige. Einerlei, ob es sich um das Tabak- oder Branntweinmonopol handelt, es würde dadurch nicht nur erreicht, jährlich viele hunderte Millionen der deutschen Reichskasse zuzuführen, es könnte auch eine Erhöhung dieser Einnahmen ohne Schädigung von Produzenten bewirkt werden. Denn da der Staat selbst das Gewerbe treibt, würden die Bürger nur als Konsumenten der Monopolartikel unter einem erhöhten Monopolpreise zu leiden haben.

Für eine gänzlich unglückliche finanzpolitische Maßregel würde ich die Kohlenproduktionssteuer halten. Ein unentbehrliches Produktionsmittel fast aller Erwerbszweige und ein notwendiger Bedürfnisgegenstand des ganzen Volkes, dessen Preis ohnehin schon infolge der zunehmenden Knappheit der Kohlenvorräte und der wachsenden Produktionskosten die Tendenz zum Steigen hat, würde noch mehr verteuert werden.

Aber gerade weil im Rahmen der künftigen Finanzreform die Erhöhung der Verbrauchsabgaben mit oder ohne Monopol unvermeidlich sein wird, ist die Heranziehung des Besitzes eine dringend gebotene Notwendigkeit. Der jetzt vorliegende Kompromißvorschlag, die einzelstaatlichen Besitzsteuern zu erhöhen, wäre die denkbar schlechteste Lösung, weil dadurch wieder einmal ein Anlauf zu einer ernsten Finanzreform versäumt würde.

Soweit die Opposition gegen die Nachlaßsteuer nicht auf mangelnde Opferwilligkeit zurückzuführen ist, beruht sie auf sachlichem Mißverständnis der Bedeutung und des Wesens dieser Steuer. Ist es nicht ein sehr gesunder Gedanke, daß das Deutsche Reich zur Deckung seiner großen und wachsenden Ausgaben gerade diejenigen heranziehen will, denen die wirtschaftliche Entwickelung des Deutschen Reiches in erster Linie zugute gekommen ist? Das sind die besitzenden Klassen, und zwar nicht nur die Kapitalbesitzer, sondern auch die Grundbesitzer. Wer will leugnen, daß die deutsche Wirtschaftspolitik der letzten Jahrzehnte zu einer Steigerung des Grundwerts beigetragen hat? Auch als Anhänger der Erhöhung der Agrarzölle bei der letzten Erneuerung der Handelsverträge muß ich zugeben, daß der Einwand der Zollgegner, die Zollerhöhung werde eine Steigerung der Grundstückspreise herbeiführen, ein durchaus berechtigter war. Die Erfahrung der letzten Jahre hat die Richtigkeit dieser Voraussage der Zollgegener erwiesen. Mit dem Nachlassen der transozeanischen Konkurrenz wird die Tendenz zum Steigen der Güterpreise noch verstärkt werden. Wenn das Deutsche Reich sich an die besitzenden Klassen wendet mit der Aufforderung: „Unter dem Schutze meiner militärischen und meiner gerade für euere Interessen eintretenden Wirtschaftspolitik könnt ihr auf Erhaltung und Vermehrung eueres Besitzes rechnen, also bringt auch ein Opfer für die stets wachsenden Lasten des Reiches!" so ist dies ein gerechtes Verlangen.

Dabei ist die Nachlaßsteuer in der denkbar mildesten Form von der Regierung vorgeschlagen. Fast alle kleinen und Bauerngüter sind von der Nachlaßsteuer dadurch befreit, daß erst bei 20 000 ℳ die Steuerpflicht beginnt. Die größte Rücksicht ist auf die Grundbesitzer genommen, indem die Steuer unter Berechnung einer vierprozentigen Verzinsung in der Form einer auf die Grundstücke als Grundschuld einzutragenden, zwanzig Jahre hindurch zu zahlenden Amortisationsrente getilgt werden kann. Und die Steuer beginnt mit $1/2$ pro Mille, um dann entsprechend dem sehr verständigen Progressionsprinzip bis zu drei Prozent bei einem Wert von einer Million und darüber zu steigen. Noch könnte sie eventuell dadurch verbessert werden, daß sie nach der Zahl der Kinder des Erblassers abgestuft wird. Freilich ist sie entwickelungsfähig, aber gerade dieser Umstand, der von den Konservativen als ein Nachteil der Nachlaßsteuer hingestellt wird, scheint mir ein Vorzug zu sein. Denn der Besitz wird sich daran gewöhnen müssen, an den erhöhten Reichslasten auch in erhöhtem Maße beizutragen. Allerdings muß dann in weiten Kreisen der Besitzenden noch eine ganz andere Auffassung von Steuerpflicht Platz greifen, als sie heute besteht. So sagte mir neulich ein vermögender Mann, er hätte „nur" 200 000 ℳ Vermögen und vier Kinder und fand es unerhört, daß er 4000 ℳ Nachlaßsteuer zahlen soll, obwohl seine Kinder doch „nur" je 50 000 ℳ erbten. Denkt der Betreffende nicht daran, wie groß die Zahl derer ist, die keinen Pfennig ihren Kindern zu vererben haben? Es wird in diesen Kreisen häufig als ein ungeheuerlicher Eingriff in den Besitz empfunden, daß das Deutsche Reich durch die Nachlaßsteuer 100 Millionen erhalten will, während man die Tatsache, daß in Form der Salzsteuer 50 Millionen jährlich zum Teil von den Ärmsten der Armen bezahlt werden müssen, für unbedenklich ansieht.

Wenn gegen die Nachlaßsteuer wie gegen jede Form der Erbschaftssteuer zu allen Zeiten der „verletzte Familiensinn" hervorgehoben wird, so möchte ich einmal die Frage aufwerfen: Wird nicht durch die Erbschaft weit mehr als durch die Erbschaftssteuer der Familiensinn zerstört? Ist es nicht allbekannt, wie viele häßliche Familienstreitigkeiten gerade bei Gelegenheit der Erbschaftsübernahme stattfinden? Ich meine: Wo wirklicher Familiensinn besteht, wird er durch die Nachlaßsteuer nicht zerstört. Wo er aber nicht vorhanden ist, ist die Steuer erst recht unbedenklich. Schließlich noch ein Wort gegen die so oft von den Gegnern der Nachlaßsteuer geäußerte Meinung, diese Steuer sei der erste Schritt zum sozialistischen Staat. Wer so spricht, hat offenbar kein richtiges Verständnis vom Wesen des Sozialismus. Im sozialistischen Staat soll jeder private Vermögenserwerb ausgeschlossen sein. Wenn in unserem Staat die private Vermögensbildung erlaubt ist, ist es ein selbstverständliches Korrelat, daß aus diesen Vermögen auch ein Teil der öffentlichen Lasten bestritten wird. Mit demselben Rechte könnte man jede Steuer als sozialistische Maßregel bezeichnen; richtiger wäre es aber, die Nachlaßsteuer eine eminent antisozialistische Maßregel zu nennen. Denn wenn die Sozialisten die private Vermögensanhäufung bekämpfen, so wird ihnen dieser Kampf bedeutend erleichtert, wenn die Inhaber dieser Vermögen sich nicht einmal zu kleinen Opfern bereit zeigen, die ihnen zugunsten der Allgemeinheit auferlegt werden sollen.

VI.

Dr. Georg von Schanz,

Geheimer Hofrat und o. ö. Professor an der Universität Würzburg.

Ich habe bereits im Jahre 1901 in meinen „Studien zur Geschichte und Theorie der Erbschaftssteuer" (Finanzarchiv 18. Jhrg. S. 671 f.) die Heranziehung der Deszendenten begründet und darauf hingewiesen, daß hier eine Reserve vorliege, die im Notfall noch in Anspruch genommen werden könne, und daß deren Ausnutzung zugleich von nicht zu unterschätzender sozialpolitischer Bedeutung sei. Ebenso habe ich am 14. März vorigen Jahres in der bayerischen Kammer der Reichsräte (Stenogr. Ber. S. 281 f.), als mehrere Herren sich gegen die im Reiche geplante Nachlaßsteuer aussprachen, mich dahin geäußert, daß es doch ein nobile officium der besitzenden Klassen sei, in dem Augenblick, wo man der Masse des Volkes eine erhebliche neue Steuerlast auferlege, auch ihrerseits ihr Scherflein auf den Altar des Vaterlands zu legen, und daß die Ausdehnung der Erbschaftssteuer auf die Deszendenten beziehungsweise Ehegatten mir für diesen Zweck sehr geeignet zu sein scheine. Auf diesem Standpunkt stehe ich heute noch.

Der Entwurf wählt für die Heranziehung der Deszendenten einen bis jetzt wenig üblichen Weg, indem neben die schon jetzt bestehende, aber nur die Seitenlinien treffende Erbanfallsteuer noch eine allgemeine Nachlaßsteuer stellt. Dieser Modus ist bis jetzt nur in England zu Hause. Wesentlich ist diese Form nicht, entscheidend ist nur die Mitheranziehung der Deszendenten und Ehegatten zur Erbschaftssteuer, die auch in Gestalt der Erbanfallsteuer möglich ist, bei der jeder Erbe und Bedachte nach Maßgabe seiner Bereicherung besteuert wird. Diese Mitheranziehung ist aber deshalb von großer Bedeutung, weil von dem Vermögen, das zur Vererbung gelangt, das meiste an Deszendenten und Ehegatten übergeht. In Frankreich zum Beispiel vererbten sich 1907 an Deszendenten 3552,5 Millionen Francs, an Aszendenten 69,8, unter Ehegatten 519,0, an alle übrigen 1299,5. Die Steuer der Deszendenten und Ehegatten betrug 84,8 Millionen Francs, die der Ascendenten 1 Million, die der übrigen 161,3 Millionen. Für das finanzielle Erträgnis ist, wie man sieht, die Ausdehnung der Erbschaftssteuer auf die Deszendenten und Ehegatten sehr belangreich. Auch führt nur sie zu einer generellen Besteuerung des Vermögens.

Gerade der Gedanke aber, daß es sich im Grunde genommen um eine allgemeine Vermögenssteuer handelt, bringt die Nachlaßsteuer vielleicht etwas sinnenfälliger zum Ausdruck als die Erbanfallsteuer Statt von den Vermögen, die über 20 000 ℳ betragen, eine Generation hindurch, das heißt dreiunddreißig Jahre lang jährlich 0,55 pro Mille zu erheben, erhebt man nur einmal beim Tode des Besitzers durchschnittlich 1,8 %, von den großen Vermögen etwas mehr, von den kleinen erheblich weniger. In England wird die Nachlaßsteuer sogar als eine deferred income tax angesehen, indem man von der Anschauung ausgeht, daß sie nachträglich die ersparten Überschüsse des Einkommens holt, die sich infolge der Nichterhebung der Einkommensteuer angesammelt haben; man spricht von einer lump sum theory (Entrichtung der Steuer in einem Klumpen). Diesen rückwärts schauenden Charakter können selbst die bestehenden Erbanfallsteuern nicht ganz verleugnen; das geht daraus hervor, daß beim beweglichen Nachlaßvermögen im allgemeinen die Erbschaftssteuer nicht von dem Staat beansprucht wird, der den Erben hat, sondern von dem Staat mit dem der Erblasser durch Staatsangehörigkeit oder Domizil verbunden war.

Hält man daran fest, daß die Nachlaßsteuer sozusagen eine letzte Steuer des Erblassers ist, eine Art Vermächtnis, mit dem er in dem Augenblick, in dem er das Vermögen den Erben überläßt, auch das Vaterland, dem er soviel verdankt hat, bedenkt, so hat die Besteuerung der Deszendenten und Ehegatten nichts Anstößiges. Sie hätten auch weniger, wenn der Staat dem Erblasser bei Lebzeiten mehr abgenommen hätte, und es ist, wie Harnack richtig bemerkt hat, sogar ein hervorragend sozialethischer Gewinn, wenn den Kindern durch die Nachlaßsteuer zum Bewußtsein gebracht wird, daß es etwas Verschiedenes ist, ein Vermögen zu erben und ein Vermögen selbst zu verdienen. Und wenn man den mühseligsten Verdienst zu Steuern heranzieht, so können die Kinder, die ohnehin nur einen Pflichtteil rechtlich zu beanspruchen haben, sich nicht darüber beschweren, wenn ihnen anläßlich des mühelosen Erwerbs, der ihnen in den Schoß fällt, eine mäßige Summe abgezogen wird. Die Mehrzahl ist ohnehin beim Tod der Eltern bereits aus dem elterlichen Hause geschieden und hat, wie schon Adam Smith hervorhob, dann die Empfindung, daß sie wirklich bereichert wird. Bei einer richtigen Auffassung der Nachlaßsteuer wird man sich auch nicht sehr daran stoßen, daß sie gleich hoch ist, ob nun ein oder mehrere Erben in den Nachlaß sich teilen, daß also zum Beispiel für 300 000 ℳ Nettovermögen 2,3 %

= 6900 ℳ bezahlt werden sollen, gleichgültig ob ein Erbe den Nachlaß von 300 000 ℳ allein erhält oder drei Erben je 100 000 ℳ. Es steht dem auch der Vorteil gegenüber, daß der Erblasser bei dieser Form der Besteuerung nicht willkürlich die Steuer in einen niedrigeren Steuerfuß bringen kann, indem er das Vermögen verzettelt, zum Beispiel statt des Bruders dessen Kinder zu Erben einsetzt.

Auch der Einwand, daß Kinder das Vermögen miterwerben helfen, wiegt nicht sehr schwer, weil dieser Fall meist nur in kleineren Verhältnissen bei Kleinbauern und kleineren Gewerbetreibenden, die von der Steuer frei bleiben, eine wirkliche Rolle spielt und die Kinder dafür auch in der Familie nicht unterhalten worden sind. Die Nachlaßsteuer erscheint um so akzeptabler, als sie im deutschen Entwurf möglichst milde ausgestattet worden ist. Während in England nur ein Nachlaß von 2000 ℳ befreit ist, will der deutsche Entwurf 20 000 ℳ frei lassen; während in England die Steuer zwischen 1 bis 15 % sich bewegt, hat der Entwurf nur einen Satz von 0,5 bis 3 %, selbst bei einem Nachlaß von über 1 Million Mark wird höchstens eine einmalige Jahresrente von 3 % erhoben.

Eine wiederholte Besteuerung, erst bei dem überlebenden Ehegatten und dann nochmals bei den Kindern, ist vermieden. Auf den landwirtschaftlichen Grundbesitz ist die größte Rücksicht genommen. Zwei Drittel aller Landwirte bleiben überhaupt frei, und von dem ganzen Steuerertrag treffen, wie May „Finanzarchiv" wahrscheinlich gemacht hat, auf die Landwirtschaft (Grund- und sonstigen Besitz) nur etwa 15 %.

Fast die ganze zivilisierte Welt hat die Deszendentenbesteuerung und erträgt sie ohne Schaden; da wird man doch nicht behaupten können, daß bei Deutschland allein sie verhängnisvoll sei. Und wenn man sich für die höhere Belastung der Verbrauchsartikel immer mit Emphase auf das Ausland beruft, dann muß man den Grundsatz exempla trahunt doch auch für die Erbschaftssteuer gelten lassen.

Eine Steuer, gegen die sich nicht Einwände erheben lassen, gibt es nicht, aber auch keine, die relativ einwandfreier ist als die Erbschaftssteuer. Sie trifft eine wirkliche Leistungsfähigkeit; kaum eine Steuer hat eine so exakt festzustellende Grundlage wie sie, keine tut weniger weh wie sie, sie ist unabwälzbar und bietet ein vortreffliches Kontrollmittel für die direkte Besteuerung. Zudem verursacht sie wenig Erhebungskosten, viel weniger als eine jährliche Vermögenssteuer, die, um den gleichen Jahresertrag zu liefern, eine viel größere Masse Steuerpflichtiger behandeln müßte. Es ist den Bundesstaaten gar nicht hoch genug anzurechnen, daß sie dem Reiche diese Steuergattung überlassen haben; sie verleiht dem Reichsbudget erst eine wahrhaft harmonische Färbung.

Die sogenannte „Besitzsteuer" des Blockkompromisses ist eine Unmöglichkeit schon deshalb, weil sie die bundesstaatlichen Finanzen verwirrt und zerstört.

Ich finde, daß die derzeitigen Gesetzentwürfe noch viel zu viel die Reichs- und einzelstaatlichen Finanzverhältnisse verquicken. Meines Erachtens wäre bei allseitig gutem Willen eine reinliche Scheidung beider möglich. Zum mindesten sollte man aber bei dieser Gelegenheit mit den ungedeckten Matrikularumlagen definitiv aufräumen; das im Entwurf noch beibehaltene Hin- und Herschieben von 220 Millionen Mark ist gänzlich zwecklos. Um dem Einwand zu begegnen, daß damit das Bewilligungsrecht des Reichstags zerstört werde, könnten fortan die Erbschaftssteuer (inklusive Nachlaßsteuer) und die Reichsstempelabgaben (also Titel 11 und 12 des Einnahmeetats) der jährlichen Bewilligung unterstellt werden. Daß dieser Vorschlag nichts Unerhörtes enthält, dafür möchte ich anführen, daß in Württemberg die Erbschaftssteuer in der Zeit von 1881 bis zum Erlaß des Reichsgesetzes im Jahr 1906 für jede Finanzperiode in näher nicht zu erörternder Weise im Finanzgesetz festgesetzt werden mußte; ebenso unterliegt dort die Umsatzsteuer für jede Finanzperiode der Bewilligung. Selbst bei Verbrauchssteuern ist dies möglich, wie die württembergische Bier- und Weinsteuer zeigt; auch in Bayern wurde die Erhöhung des Malzaufschlages von 1879 bis 1889 immer nur zeitlich bewilligt. Vielleicht könnte man dann auch einmal dahin kommen, die ungedeckten Matrikularumlagen ganz abzuschaffen beziehungsweise auf den Kriegsfall zu beschränken.

VII.

Dr. Fritz Stier-Somlo,

Professor an der Universität Bonn.

Ist es erlaubt, zunächst eine historische Tatsache aufzufrischen? In einem Edikt vom 27. Oktober 1810 verhieß Friedrich Wilhelm III. die Nationalrepräsentation. Da erhob sich die Opposition der privilegierten Adeligen. Sie betonten, daß sie grundbesitzende Herren seien, mit verfassungsmäßigen Rechten, Vasallen, die ihrem Landesherren Treue, ihrem Vaterlande Schutz des Schwertes schuldig seien, im übrigen aber auf ihrem eigenen Boden zu befehlen hätten. Um den Widerspruch zu entkräften, berief der Staatskanzler Hardenberg im Februar 1811 ständische Deputierte aller Provinzen zu einer Versammlung. Diese war unfruchtbar. Jetzt machten sich die Rittergutsbesitzer an den König selbst; sie bekämpften die Gewerbefreiheit, die Gleichheit aller Stände, die Mobilisierung des Grundeigentums. „Die Urheber solcher Ideen, wie Freizügigkeit der Dienstleute, Verteilung des Eigentums an sie auf Kosten der Rittergutsbesitzer, seien *Catilinas, die den König und den Adel ermorden wollten.* Der König müsse die Bürger und Bauern, die den Staat umstürzen wollen, durch den hohen Adel in Ordnung bringen lassen und zu dem Zwecke *dessen sämtliche Personal- und Realprivilegien sowie das ausschließliche Recht auf Staatsämter bestätigen und erhalten.*“ Also schon damals das Umsturzgeschrei mit unverhohlener naiver Identifizierung des eigenen Standesinteresses mit dem Staatsinteresse. Wie einst Ludwig XIV., so sagten jetzt die Adeligen: „Wir sind der Staat“. Aber die Hohenzollern haben auch hier ihren glücklichen Instinkt walten lassen; Friedrich Wilhelm III., von dem nicht wankenden Kanzler Hardenberg bestimmt, ging nicht ab von seinen konstitutionellen Plänen.

Dieselben Kreise, dieselben gesellschaftlichen Schichten sind es heute, die der Nachlaßsteuer und den damit zusammenhängenden Gesetzentwürfen den allergrößten Widerstand entgegensetzen und die Regierung zu beeinflussen suchen.

Alle die großen Worte, die gegenüber der Nachlaßsteuer vorgebracht worden sind: Gefährdung der Bodenständigkeit, weitere Belastung und Umwälzung des Grundbesitzes, Zerstörung der ethischen Werte des Familienlebens und des Erbrechts, fortschreitendes Depossedieren der Besitzenden, Bedrohung der Wirtschaftseinheit und der Werkfortsetzung auch im Mittelstand — all dies sind Redensarten, die im Laufe des vergangenen Jahrhunderts bei jeder fortschreitenden politischen Aktion von dem Agrariertum und den ihm nahestehenden Kreisen erhoben worden sind, ohne im einzelnen eine ernstliche Begründung zu erfahren. Es gilt, die große Masse der Gebildeten und der werktätigen Bürger überhaupt, die Frauen mit eingeschlossen, darüber aufzuklären, daß die Grundpfeiler morsch und nicht mehr tragfähig sind, auf denen die steuerpolitische Grundauffassung der Agrar-Konservativen ruht.

Die Reichsfinanzreform ist keine Parteifrage. Ich selbst rechne mich nicht zu den Linksliberalen im parteipolitischen Sinne, habe vielmehr meine Stellung im wesentlichen etwa auf dem rechten Flügel der Nationalliberalen gesucht. Dies schließt nicht aus, daß ich das Vorgehen dieser Partei in der hier erörterten Frage für unheilvoll, das Kompromiß als eine staatsrechtliche und finanzpolitische Mißgeburt halte, die für die Zukunft des Deutschen Reiches unheilvoll sein muß. Parteipolitische Unterschiede halten mich aber nicht ab, auf Wunsch der Redaktion dieser Zeitung auch meinerseits ein Wort für eine in der Form allerdings etwas verbesserte Nachlaßsteuer einzulegen.

Es ist ein, jedem gerechten politischen Sinne, aber auch jeder vernünftigen, maßvollen Sozialpolitik Hohn sprechender Gedanke, den Ausgleich zwischen der Belastung von Bessergestellten und Minderbemittelten abzulehnen, den das Nachlaßsteuerprojekt im Auge hat. Was wir Verfechter der Nachlaßsteuer wollen, das ist nichts weiter als eine gerechte Verteilung der Lasten. Das ist nicht nur ein freiheitlicher und ethischer, sondern auch ein konservativer Gedanke, weil er zur Erhaltung des Staatsgedankens beiträgt und ein Ventil schafft für die in der Staatsmaschinerie sich anhäufenden, durch die Unzufriedenheit der minderbemittelten Klassen bedingten Spannungen. Wer dies nicht begreift, versteht das Interesse des Staates nicht zu würdigen. Die jetzt geplante Abgabe soll nicht, wie so oft behauptet wird, vom Rohnachlaß, sondern vom Reinnachlaß, also abzüglich der Schulden, erhoben werden, allerdings ohne Rücksicht auf das Verhältnis des Nachlaßerwerbers zum Erblasser. Der Widerstand findet seinen Stützpunkt darin, daß nicht wie bisher mehr oder minder entfernte Verwandte mit der Steuer belegt werden sollen, sondern auch die Ehegatten und Abkömmlinge. Fünf

Gesichtspunkte sind es, die meines Erachtens die Frage zu erschöpfen in der Lage sind. Einmal wird behauptet, daß das Familienleben durch die Nachlaßsteuer erheblich gefährdet wird. Nun soll nach dem Entwurf die Besteurung beim Nachlaß von mehr als 20 000 Mark (unter Befreiung geringerer) mit dem Satze von 0,5 Prozent beginnen und bis 3 Prozent bei Nachlässen von mehr als 1 000 000 Mark steigen. Es wäre schlimm bestellt um das Familienleben, wenn eine relativ so geringe Steuererhebung eine Gefährdung des Familienzusammenhanges bewirkte. Die Majestät des Todes wird auch heute in den allermeisten Fällen durch die Besorgung der notwendigen, durch den Erbfall bedingten Angelegenheiten gestört. Warum dies gerade auf das Schuldkonto der Nachlaßsteuer gesetzt werden soll, vermögen mit mir viele nicht einzusehen. Dazu kommt ja auch, daß sich über die Form der Steuererhebung reden ließe, insbesondere auch eine dem zu vererbenden Vermögen entsprechende Jahresabgabe zulässig sein müßte.

Den zweiten Gesichtspunkt muß man viel ernster nehmen, nämlich die Frage der sozialistischen Tendenz. Nun wird freilich auch hier jedem, der steuerpolitische und steuergeschichtliche Dinge kennt, die geradezu verblüffende ewige Wiederkehr dieses Argumentes auffallen. In Wirklichkeit ist die verfassungsmäßig gewährleistete Freiheit des Eigentums nur mit einem Körnchen Salzes zu verstehen. Jede Enteignung, jede nach geltendem Recht zulässige Beschränkung des Eigentümers in polizeilichem Interesse, jede gesetzlich heute schon vorgeschriebene Naturalleistung und Kriegsleistung ist eine aus dem Zusammenleben einer geordneten Staatsgemeinschaft sich notwendig ergebende Ausnahme von dem an sich unentbehrlichen, auch in Artikel 9 der preußischen Verfassungsurkunde (übrigens nicht in der Reichsverfassung) ausgesprochenen Grundsatze. Und nicht zuletzt ist jede einzelne Steuerleistung ein Eingriff in das Vermögen. Es wird stets von der jeweiligen, durch die gesamten Kulturbedingungen bestimmten Grundauffassung der Mehrheit des Volkes abhängen, wie das Verhältnis zwischen Staat und Individuum in bezug auf die Überlassung eines Teiles vom Vermögen oder Einkommen geordnet werden soll.

Der dritte Gesichtspunkt hängt mit allem Vorstehenden eng zusammen. Er betrifft die Höhe der Steuer. Daß die Nachlaßsteuer derartig hoch sei, daß sie als eine sozialistische angesprochen werden könnte, ist aber aus zwei Gründen nicht richtig: Erstens, weil auch mit Hilfe des unglücklichen bisherigen Kompromißvorschlages 100 Millionen Mark Besitzsteuern vorgesehen sind, während die sämtlichen Erbschaftsabgaben sich auf 123 Millionen belaufen, die Differenz demnach eine relativ geringe ist, und zweitens, weil die Bundesstaaten als Entschädigung für die Entziehung ihrer Erbschaftssteuer und ihres Erbschaftsrechts von diesen 123 Millionen Mark noch 31 Millionen erhalten sollen, so daß für das Reich nur noch 92 Millionen Mark bleiben würden. Wer also die Besitzsteuer an sich nicht ablehnt, der kann wegen der Höhe der Steuer auch die Nachlaßabgabe nicht als sozialistisch bezeichnen. Viel operiert wird dann damit, daß sie den Bauernstand gefährde. Da aber die Erbschaftssteuer nur mit 20 000 Mark beginnt, wird der Bauernstand tatsächlich von dieser Abgabe fast unberührt gelassen. Doch würde auch nichts dagegen zu erinnern sein, daß die Grenze auf 40 000, vielleicht sogar auf 50 000 Mark hinaufgeschoben würde, womit freilich der Ertrag der Erbschaftssteuer eine Verminderung erführe, die anderweitig ersetzt werden müßte. Daß auch dann noch der Bauern- oder überhaupt der Mittelstand in irgend welcher Weise Schaden litte, wird man nimmermehr beweisen können.

Ein vierter Gesichtspunkt betrifft die staatsrechtliche Seite der Frage. Besonders Herr v. Jagwitz hat ins Feld geführt, daß die Artikel 35, 38, 39 der Reichsverfassung durch die Einführung der Nachlaßsteuer verletzt würden. Die fraglichen Artikel sagen jedoch keineswegs, daß das Reich nicht berechtigt sein soll, direkte Steuern zu erheben, bedeuten vielmehr nur, daß die dort hervorgehobenen indirekten Abgaben von den Einzelstaaten nicht erfaßt werden dürfen; demnach ist nicht eine Schranke für das Reich, sondern nur für die Einzelstaaten verfassungsrechtlich festgelegt! Daß die Besitzbesteuerung durch das Reich sogar deshalb sozialistisch wäre, „weil dieses für die Regel auf die indirekten Steuern angewiesen ist“, blieb zu behaupten dem Nationalökonomen Professor Richard Ehrenberg vorbehalten.

Anders steht es endlich mit dem fünften Gesichtspunkt, der Frage der zweckmäßigsten Form der Nachlaßsteuer, also mit der steuertechnischen Frage. Ich gebe ohne weiteres zu, daß die von der Regierung vorgeschlagene Fassung nur die Leistungsfähigkeit des Erblassers berücksichtigt, nicht aber diejenige der Erben. Es ist fraglich, ob die Gesamtbelastung des Nachlasses als solche gerechtfertigt ist, ob man nicht vielmehr jeden einzelnen Erben als solchen unter Berücksichtigung seiner sämtlichen wirtschaftlichen Verhältnisse besteuern sollte. Sodann wäre zu fragen, welchen Wert die Erbschaft dem Erben im konkreten Falle darstellt. Insbesondere würden in Betracht kommen die Ehegatten und Abkömmlinge, die durch die Erbschaft zwar einen mehr oder minder großen Vermögenszuwachs erfahren, auf der anderen Seite jedoch ihres Ernährers und Versorgers verlustig gehen, auch sonst durch den Tod des Erblassers eine Reihe von weittragenden wirtschaftlichen Veränderungen eintreten sehen, die den Wert der Erbschaft herabzumindern geeignet sind. Dies ist zu berücksichtigen, ist Aufgabe der zweiten Lesung. Das ist aber auch alles, was den Gegnern der Nachlaßsteuer zugegeben werden kann.

Es hängt von den sozial Vorgeschrittenen, den einer modernen Weltanschauung Nahestehenden oder sich zu ihr Bekennenden in Regierung und Volksvertretung ab, ob sie gegenüber den Anforderungen der Gegenwart versagen, sich von großen Worten, die mit den heiligen Ideen des Familienlebens, der Bodenständigkeit, der Unverletzlichkeit des Eigentums in sophistischer Weise operieren, blenden lassen wollen oder nicht.

VIII.

Dr. Adolf Harnack.

Wirklicher Geheimer Ober-Regierungsrat und o. ö. Professor an der Universität Berlin.

„Wenn es ein Naturrecht gibt, gibt es auch ein natürliches Erbrecht, und wer dasselbe antastet, rüttelt an den Grundsäulen der Gesellschaft", hörte ich jüngst sagen.

Die Frage des Naturrechts braucht man nicht aufzurollen; sie ist eine „akademische" Frage, und zwei Menschen, die sie entgegengesetzt beantworten, können doch in allen praktischen Fragen des Rechts derselben Meinung sein. Ob ich gewisse Grundsätze für „natürlich" oder für einen Erwerb der geschichtlichen Entwicklung halte, ist gleichgültig, wenn ich nur von ihrer Notwendigkeit und damit von ihrem Rechte überzeugt bin.

In der Tat muß man das Erbrecht in das „Naturrecht", wenn es ein solches gibt, einrechnen, weil man sich nicht vorzustellen vermag, wie ohne dasselbe der Schatz von Tradition, den wir nötig haben, bewahrt und die Kontinuität der Zustände inmitten der Mächte der Veränderung und Auflösung geschützt werden kann. Dächten wir uns, es gäbe überhaupt kein Erbrecht, so würde, da gleichzeitig auch das Schenkungsrecht beschränkt oder aufgehoben werden müßte, jeder sozusagen von der Pike auf dienen müssen. Das ergäbe einen sehr unökonomischen und deshalb sehr kostspieligen Zustand! Indessen bedarf es nur einer kurzen Erwägung, um einzusehen, daß sich eine völlige Aufhebung des Erbrechts ohne Aufhebung des Privateigentums schwerlich durchführen läßt, und selbst wenn das möglich wäre, würde der Trieb zur Kapitalbildung so stark gelähmt werden, daß auch von hier aus eine Kraftvergeudung die nicht leicht zu vermeidende Folge wäre. Die Bevorzugung derer, die etwas erben, vor denen, die leer ausgehen, liegt freilich auf der Hand. Aber es gibt auch eine Gegenrechnung, die häufig bereits in der dritten und vierten Generation sehr zuungunsten der „lachenden" Erben ausschlägt; denn sie erben mit dem Kapital auch andres, was sie im Kampfe des Lebens hemmt oder die Entfaltung ihrer Kräfte hindert. Überall ist dafür gesorgt, daß die wachsenden Ungleichheiten schließlich wieder zur Rückbildung kommen und daß des „Sprungquells flüssige Säule“ zuletzt herabfallen oder sich in einen befruchtenden Nebel auflösen muß.

Das Erbrecht gehört zum „Naturrecht“ — aber das bedeutet nicht, daß es absolut ist; denn es ist nicht das Naturrecht, sondern ein Teil desselben und längst nicht der wichtigste. Alles aber, was man unter dem Namen „Naturrecht“ begreift, ist dadurch ausgezeichnet, daß es neben der wirtschaftlichen Seite auch eine ethische hat, die mindestens ebenso wichtig ist; denn die „Natur“ des Menschen umfaßt vor allem seine sittliche Anlage. Gehört das Erbrecht also zum Naturrecht, so steht es unzweifelhaft unter sittlichen Pflichten, und damit ist schon ausgesprochen, daß es etwas Höheres über sich hat, dem es dienen muß. Das Höhere ist das Wohl der Gesellschaft und des Staats einerseits — denn in ihnen allein vermag sich das Sittliche zu entwickeln — und die Pflicht des einzelnen anderseits, das Materielle, soweit immer möglich, in sittliche Kräfte umzuwandeln oder ihnen zu unterwerfen.

Eine lange Vorrede zur Beantwortung einer praktischen Frage! Wir stehen zurzeit in unserm Vaterlande vor dem schweren Problem, 500 Millionen neuer Steuern aufbringen zu müssen. Jeder Kundige weiß, daß wir reich genug sind, um sie beschaffen zu können, aber er weiß auch, daß jedes Steuerprojekt eine große Gruppe von Interessenten gegen sich hat, die alles aufbieten, um es zu hintertreiben. Ich werde mich hüten, in diese Fragen, soweit sie wirtschaftlicher Natur sind, auch nur mit einem Worte einzugreifen. Hier darf nur der Fachmann sprechen, der die ökonomischen und politischen Konsequenzen jeder einzelnen Steuer zu überschauen und abzuschätzen vermag. Auch das Problem, in welchem Umfange indirekte und direkte Steuern zu erheben sind, fällt ganz außerhalb meiner Kompetenz; denn diese Frage ist höchst kompliziert, sobald man sie nicht abstrakt, sondern auf dem Boden der realen Verhältnisse behandelt. In abstracto wird man stets die direkte Steuer bevorzugen, aber psychologisch belastet sie ungleich mehr als die indirekte und ist dazu sehr viel schwerer durchzuführen. Umgekehrt sind auch der indirekten ganz bestimmte Grenzen gezogen; hält man sie nicht ein, so tötet man die Henne, welche die goldenen Eier legen soll, ganz abgesehen davon, daß eine gerechte Verteilung bei den indirekten Steuern auf unüberwindliche Schwierigkeiten stößt, die man schweren Herzens in den Kauf nehmen muß. Das mögen also die Fachleute entscheiden. Aber unter den Steuerprojekten steht bekanntlich auch die Nachlaßsteuer zur Frage und wird zurzeit aufs lebhafteste umstritten. Bei dem Kampfe um sie werden von den Gegnern auch sozialethische Argumente neben den wirtschaftlichen geltend gemacht. Man darf sich lebhaft freuen, daß dies geschieht; denn damit ist von ihnen anerkannt, daß die Steuer auch unter diesen Gesichtspunkt zu stellen, also nicht nur in wirtschaftlicher Hinsicht zu würdigen ist. Es fragt sich nur, welche sozialethischen Gesichtspunkte die stärkeren sind, ob diejenigen, welche gegen die Steuer sprechen, oder die, welche sie empfehlen. Zu dieser Frage möchte ich das Wort ergreifen, denn sie liegt auf einem Gebiete, das mir vertraut ist.

Die Gegner der Nachlaßsteuer machen geltend, daß sie geeignet sei, den Familiensinn und den Zusammenhalt der Familie zu erschüttern, indem sie sie in dem Momente trifft, wo die Familie besonderer Stärkung bedarf, ferner daß das Verfügungsrecht beschränkt und damit das Eigentumsrecht angetastet wird. Auf letzteres einzugehen, muß ich mir versagen; denn für ein ernsthaftes Argument vermag ich das nicht zu halten, weil es gegen jede direkte Steuer geltend gemacht werden kann, eben dadurch aber ad absurdum geführt wird. Das Eigentumsrecht ist gewiß ein Recht, das, wie alle andern, des Schutzes bedarf, aber es bliebe nichts übrig, als seine Abschaffung in Erwägung zu ziehen, wenn es direkte Steuern überhaupt nicht vertrüge. Es muß daher bei der Erörterung der Nachlaßsteuer alles ausscheiden, was ebenso gegen die Einkommen- und die Vermögenssteuer eingewendet werden könnte. Noch haben wir in guter Erinnerung, wie man sich bei uns, besonders aber in England gegen diese Steuer gewehrt hat. Man erklärte, daß nach ihrer Einführung der ganze Bau der Gesellschaft zusammenstürzen werde, weil die Erhebung eine unerträgliche Einmischung in die Privatverhältnisse und eine unsittliche Entblößung der häuslichen Zustände bedeute. Allein bei uns sowohl wie in England ist nichts von diesen düsteren Prophezeiungen eingetroffen, vielmehr beneiden uns heute einsichtige Volksfreunde in Frankreich und Amerika um diese Steuer, die bei ihnen der „republikanische“ Plutokratismus leider nicht zuläßt.

Ernsthafter ist das Argument, welches von dem Zustande der Familie in dem Momente des Todes des Erblassers hergenommen wird. Soll die Familie geschützt werden — und wer wollte sie nicht schützen? —, so soll man ihre Fortexistenz nicht in dem Momente erschweren, in welchem sie ihren bisherigen Ernährer verloren hat. Allein so schlagend dieses sozialethische Argument in der Theorie erscheint, so schwach ist es, wenn man die wirklichen Verhältnisse ins Auge faßt. Erstlich nämlich ist der Besitz keineswegs die vornehmste, geschweige denn die einzige Voraussetzung der Erhaltung der Familieneinheit und -überlieferung, ja er ist eine solche überhaupt nur, wenn die Kräfte und Tugenden vorhanden sind, die ihn erst mit zu einer Voraussetzung des Familiengeistes machen. Fehlen diese, fehlt die Erziehung, die Kraft, der Fleiß und das brüderliche Verhalten, so ist das aus dem Nachlaß fließende Kapital allein schlechterdings nicht imstande, einen volkswirtschaftlich und ethisch wertvollen Zustand zu garantieren. Die Ausstattung mit geerbtem Kapital ist dann nur ein „Zufall", an welchem die Allgemeinheit nicht das geringste Interesse haben kann. Sodann ist daran zu erinnern, daß für die große Masse der Staatsbürger die ganze Frage überhaupt nicht existiert, sobald man, wie geplant ist, das kleine Kapital steuerfrei läßt. Daß aber ein Kapital von 20 000 ℳ keine Nachlaßsteuer von 100 ℳ und ein solches von 200 000 ℳ keine Nachlaßsteuer von 4000 ℳ verträgt, ohne die Familie und den Familiensinn zu schädigen, wird man uns vergeblich einzureden versuchen. In dem ersten Fall gehen 4 ℳ, im letzteren 160 ℳ jährliches Einkommen verloren. Empfindlich mag das in einigen Fällen sein — nichts hindert indes, für besondere Fälle (Kinderreichtum, Erhaltung des immobilen Besitzes usw.) besondere Maßnahmen zu treffen; in der großen Mehrzahl der Fälle aber kann die Steuer wirklich bedenkliche Störungen oder Schädigungen schlechterdings nicht hervorrufen, weil sie zu geringfügig ist. Schwankt doch, wie man es auch anlegen möge, der Wert eines Kapitals von 20 000 ℳ an sich schon in der Regel mindestens um 100 ℳ und der eines solchen von 200 000 um ein paar Tausend. Dieses Schwanken bleibt freilich bestehen und die Steuer tritt noch hinzu; aber es ist doch wichtig, darauf hinzuweisen, in welchen Grenzen sich die Steuerbelastung hält, die man in leidenschaftlichem Unmute den Anfang der „Konfiskation des Besitzes" genannt hat.

Das sozialethische Argument, das gegen die Nachlaßsteuer geltend gemacht wird, ist also von sehr geringem, ja verschwindendem Gewicht. Sofern die Steuer Härten zur Folge hat, läßt sich in vielen Fällen durch spezielle Bestimmungen helfen; was übrig bleibt, muß ertragen werden. Der Nachweis, daß die Familie leiden müsse, kann jedenfalls im voraus nicht erbracht werden, und man wird ohne Prophetengabe sagen dürfen, daß sich ein Nachteil hier so wenig einstellen wird wie bei der Einkommensteuer.

Aber — so wenden die Gegner ein — die Nachlaßsteuer mag passieren, wo es sich nicht um die Kinder als Erben handelt; in diesem Falle aber sei sie unstatthaft, weil sie in ein Verhältnis eindringe, welches als Identitätsverhältnis betrachtet und respektiert werden müsse; hier gelte es: „principiis obsta"; nicht auf die Höhe der Steuer komme es an, sondern der Gedanke selbst sei in seiner Wurzel als ein radikaler und auflösender zu bekämpfen.

Obgleich die oben gegebenen Ausführungen durchweg die Nachlaßsteuer in bezug auf die Kinder im Auge hatten, so muß doch noch auf das scharf gefaßte Argument eingegangen werden, und dies um so mehr, als sich gerade ihm gegenüber die sozialethischen Gesichtspunkte am besten entwickeln lassen, die für die Steuer sprechen. Ich stelle sie sofort hierher: Erstlich, jeder, der etwas erbt — auch der Sohn und die Tochter —, soll daran erinnert werden, daß es etwas andres ist, ein Kapital zu erwerben, und etwas andres, ein Kapital zu erben. Sodann, jeder, der etwas erbt — auch der Sohn und die Tochter —, sollen daran erinnert werden, daß sie überhaupt nur erben können, weil sie unter dem Schutze des Rechtsstaats stehen, der den ruhigen und sicheren Übergang des Vermögens aus einer Hand in die andre allein ermöglicht; sie sollen es daher für billig erachten, daß sich der Staat für diesen Dienst in angemessener Weise entschädigt. Anders ausgedrückt: die Nachlaßsteuer erinnert an die besondere Art und damit auch an die besonderen Pflichten des nicht selbst erworbenen Kapitals, und sie bringt an dem richtigen Punkte das hohe Gut, welches die Gesellschaft an dem Rechtsstaate besitzt, zum Ausdruck. In dieser wie in jener Hinsicht kommt somit der Nachlaßsteuer ein bedeutender sozialethischer Wert zu, ja man darf sagen, daß unsre sittliche Kulturentwicklung in der Gegenwart geradezu auf diese Steuer hinweist.

Die Familie soll keineswegs erschüttert werden, aber die Vorstellung, daß gleichsam ein Identitätsverhältnis zwischen Eltern und Kindern besteht und in diesen jene sich einfach fortsetzen, ist nicht mehr die unsrige. Unsre ganze Erziehung weist längst in eine andre Richtung. Es wird der Individualität und Selbständigkeit der Kinder ein viel größerer Spielraum gewährt als früher: die Eltern bestimmen nicht einfach mehr, welchen Beruf der Sohn ergreifen und welchen Mann die Tochter heiraten soll. Die erwachsene junge Generation steht den Eltern viel freier gegenüber als vor zwei Menschenaltern. Die finanziellen Konsequenzen dieses allmählichen Umschwungs sind freilich in den „höheren" Schichten bei uns noch nicht gezogen — aus Gründen, deren Erörterung hier zu weit führen würde; aber in den mittleren und unteren fehlen sie nicht, und in dem Lande, welches in dieser Hinsicht fortgeschrittener ist als wir, in Amerika, sind sie schon deutlich ausgeprägt. Viele der Harvard-Studenten verdienen sich ihren Unterhalt durch Dienstleistungen, denen sich bei uns kein Student unterziehen würde, und der jugendliche Sohn des Präsidenten der großen Republik verdient sich, wie berichtet wird, einen Teil seines Unterhalts in einem Teppichgeschäft. Die „Konsequenz" dieser sich entwickelnden Zustände hat in kühnster Weise Andrew Carnegie in seinem Büchlein über die Pflichten des Reichtums gezogen. Er ist mit der bestehenden Gesellschaftsordnung in bezug auf die freieste Gestaltung des wirtschaftlichen Wettbewerbs ganz einverstanden; er befürwortet die Anhäufung des arbeitenden Kapitals in wenigen Händen, und er ist ein überzeugter Vertreter der privatwirtschaftlichen Grundsätze in bezug auf den Erwerb, weil er diese Erwerbsform für zweckmäßiger in bezug auf die Güterversorgung der Gesamtheit hält als alle andern. Der Erwerb soll nach ihm unbeschränkt bleiben; aber an den Besitz knüpft er große soziale Pflichten. Vor allem wünscht er, daß der Besitz nicht mehr in toto vererbt werden möge, sondern daß die Kinder höchstens das Existenzminimum von dem Vater erhalten, um sich ihre volle Selbständigkeit und Tatkraft zu bewahren. Ueber das angesammelte Kapital soll der Besitzer noch bei Lebzeiten durch gemeinnützige Stiftungen im größten Stil verfügen. Ich besitze kein Urteil darüber, ob auch nur in Amerika dieser großartige Gedanke Aussicht hat, ernsthaft erwogen zu werden — Carnegie selbst führt ihn entschlossen durch —, wir in Deutschland sind jedenfalls weit davon entfernt, an so etwas zu denken, und werden sogar mit Grund fragen, ob eine solche Maßregel auch nur als fernes Ideal erwünscht sei. Aber der Gedanke enthält doch mindestens einen wertvollen Kern. Je selbständiger wir die heranwachsende Generation werden lassen, um so nötiger ist es, daß wir sie erinnern, daß das Vermögen ihrer Eltern nicht einfach ihr Vermögen sei. Wir besitzen bereits mehrere Mittel, um sie das zu lehren: die Eltern haben ein umfassendes Verfügungs- und Schenkungsrecht, sie können die Kinder auf das Pflichtteil setzen usw. Aber fast alle diese Mittel haben etwas Odiöses und werden verhältnismäßig nur selten angewandt. Eine Steuer beim Übergang des Vermögens der Eltern auf die Kinder, die von einer gewissen Höhe des Kapitals an ausnahmslos in Kraft tritt, wird daher besser als irgendein anderes Mittel die Kinder lehren, daß der Übergang des Vermögens der Eltern auf sie nicht ein Naturprozeß ist, sondern ihnen Pflichten auferlegt, und daß sie ein Gut empfangen, daß sie als würdige und treue Haushalter verwalten sollen. Und selbst wenn sie zunächst keine andre Konsequenz aus der „lästigen" Steuer ziehen als die, den durch sie erlittenen Verlust möglichst schnell wieder zu ersetzen, so ist auch das unter Umständen schon ein Vorteil. Man wende nicht ein, daß die Steuer zu geringfügig sei, um sozialethische Tugenden zu erzeugen. Das, was materiell geringfügig ist, kann und wird psychologisch ein sehr bedeutender Faktor sein, und man braucht nicht daran zu zweifeln, daß die psychologische Wirkung der Steuer eine erwünschte und heilsame sein wird. Sie wird den starren Eigentumsbegriff erweichen, ohne den Eigentumsbegriff zu schädigen, der sich seiner Pflichten bewußt ist. Welch ein Vorteil in sozialethischer Hinsicht wird sich ergeben, wenn sich allmählich im Volksbewußtsein der Unterschied von selbsterworbenem und von geerbtem Besitz feststellt, und wenn die besonderen Pflichten, die an diesem hängen, anerkannt werden! Es kann nicht ausbleiben, daß von hier aus der gesamte Eigentumsbegriff stärker mit sozialethischen Beziehungen erfüllt werden wird. Möglichste Freiheit für jeden ehrlichen Erwerb, angemessene Beschränkungen bei Schenkungen und Erbschaften, strenge soziale Pflichten für jeden Besitz — das sind die Forderungen, die sich durchsetzen müssen, damit wir das Privateigentum, diesen Rocher de bronze unsrer Kultur, mit gutem Gewissen aufrechterhalten können.

Aber mindestens ebenso wichtig wie die Wirkung der Steuer in Hinsicht auf die richtige Würdigung ererbten Besitzes ist die Wirkung in Rücksicht auf die Bedeutung des Staats und seiner Rechtsordnung. Zunächst mag es freilich scheinen, als müsse die freudige Wertschätzung des Staats leiden, wenn er sich in schweren Tagen als Fordernder einstellt; allein eben diese oberflächliche und irrtümliche Auffassung gilt es zu bekämpfen, und sie wird schwinden. Wohl fordert der Staat, aber er fordert nur, weil er, und nur er, durch seinen Rechtsschutz und seine Rechtsgewalt den sicheren und ruhigen Uebergang des Besitzes ermöglicht. Das scheinbar Selbstverständliche, dieser sichere Übergang, ist eben keineswegs selbstverständlich, sondern das Produkt einer langen Kulturentwicklung, und es sind Jahr um Jahr große Mittel nötig, damit der Staat seinen Rechtsschutz und seine Rechtsgewalt aufrechterhalten kann. Diese Mittel werden durch die allgemeinen Steuern aufgebracht; aber es ist nicht mehr als billig und entspricht auch andern gleichartigen Fällen, daß die, welche den Rechtsschutz in besonderer Weise in Anspruch nehmen, dafür eine Gebühr erlegen. In der Tat — die Nachlaßsteuer erscheint als eine Gebühr, in welcher der besondere Rechtsschutz, den der Staat den Erbenden angedeihen läßt, zum Ausdruck kommt und entsprechend honoriert wird. Die sozialethische Wirkung dieser Belastung kann nicht hoch genug geschätzt werden; denn sie erinnert in kräftigster Weise und am richtigen Punkte daran, was die Rechtsordnung des Staats dem einzelnen bedeutet und wie unsicher seine Lage ohne dieselbe wäre. In rechtlosen „Staaten" ist der Tod des Besitzers das Zeichen, daß sich jedermann auf den freigewordenen Besitz stürzt und der Stärkere die Beute nimmt. Dieser Zustand würde sich noch heute wiederholen, hielte nicht der Staat seinen starken Arm über jede Hinterlassenschaft und sorgte er nicht dafür, daß jeder das Seine bekommt. In allen Schulen, in denen vom Staate gesprochen wird — es wird leider viel zu wenig über ihn gelehrt —, sollte dargelegt werden, was man ihm verdankt, und an keinem andern Punkte kann das auch den älteren Kindern so deutlich gemacht werden wie bei der Vererbung. Werden sie über den Unterschied von erworbenem und vererbtem Vermögen belehrt und über die Bedeutung, welche dem Rechtsschutz des Staates bei der Vererbung zukommt, so werden sie sowohl einen Begriff von den Pflichten bekommen, die an ererbtem Kapital in besonderer Weise haften, als auch lernen, daß der Staat mit seinen Ordnungen ein Gegenstand freudiger Wertschätzung für sie sein muß, daher aber auch zu seiner Erhaltung der notwendigen Mittel bedarf.

Somit ist die Nachlaßsteuer vom sozialethischen Gesichtspunkt eine besonders empfehlenswerte Steuer, und die Bedenken, die gegen sie ins Feld geführt werden, vermögen gegenüber den Vorteilen, die sie bietet, nicht aufzukommen. Daß sie gerade auch als Reichssteuer zweckmäßig ist, dies darzulegen fällt außerhalb meiner Kompetenz, aber der Beweis hierfür ist nicht schwierig. Jedenfalls ist es aufs dringendste zu wünschen, daß neben den Steuern auf den Massenkonsum, denen niemand eine ethische Bedeutung anzudichten vermag, auch eine Steuer großen Stils allgemein eingeführt wird, die vom sozialethischen Standpunkt nicht nur einwurfsfrei, sondern auch heilsam ist, weil sie das „Suum cuique" so zum Ausdruck bringt, wie es der Geist unsers Jahrhunderts verstehen und fassen muß.

Druck der Norddeutschen Buchdruckerei und Verlagsanstalt, Berlin SW.

FSC
www.fsc.org
MIX
Papier | Fördert
gute Waldnutzung
FSC® C083411

Kolibri 360 GmbH
Ferdinand-Jühlke-Straße 7
99095 Erfurt, Deutschland
produktsicherheit@kolibri360.de